united
p.c.

Alle Rechte der Verbreitung, auch durch Film, Funk und Fernsehen, fotomechanische Wiedergabe, Tonträger, elektronische Datenträger und auszugsweisen Nachdruck, sind vorbehalten.

Für den Inhalt und die Korrektur zeichnet der Autor verantwortlich.

© 2022 united p. c. Verlag

Gedruckt in der Europäischen Union auf umweltfreundlichem, chlor- und säurefrei gebleichtem Papier.

www.united-pc.eu

Cindy Brixel

Obstsalat in Omas Kopf und Blitze in
Opas Rücken

Haben mich Oma und Opa nicht mehr lieb?

Es ist wieder Wochenende und heute gehe ich zu Oma und Opa. Dort ist es jedes Mal so herrlich schön. Oma und Opa haben nämlich eine ganz große Wohnung, da kann ich mich überall verstecken und jeden Tag zum Abenteuer machen.

Ich genieße es immer wieder aufs Neue bei ihnen. Sie spielen immer ganz viel mit mir und haben viel Zeit für mich. Es ist wie Urlaub, denn am Ende des Tages darf ich auch bei Oma und Opa schlafen. Darauf freue ich mich jeden Samstag.

Außerdem ist meine Oma die weltbeste Köchin, Geschichtenerzählerin und Märchenvorleserin. Mit meinem Opa male ich am liebsten und gehe mit ihm ausgiebig im Park spazieren. Ich liebe meine Großeltern unendlich doll. Weißt du, was wir jeden Samstag vor dem Abendessen machen? Na, rate mal! Es ist etwas was jedes Kind mag und zwar SPIELEN. Ja, wir spielen ganz viele Tischspiele zusammen, wie Memory und „Mensch ärgere dich nicht".

Es ist soweit Mama und Papa fahren mich zu meinen Großeltern. Juhuuuu. Als ich bei ihnen angekommen bin, war dieses Mal aber irgendwas gewaltig komisch. Ich wusste nur nicht, was genau das war.

Opa lag mit einer Wärmeflasche auf der Couch und schlief. Oma fragte mich: „Was machst du hier? Heute ist doch erst Donnerstag!" Dann antwortete ich: „Nein Oma heute ist doch Samstag und da bin ich immer bei euch." Daraufhin schaute mich Oma sehr irritiert an. Sie hat vergessen, dass ich zu ihnen komme.

Ich ging zu Opa und fragte: „Opa was ist mit dir los? Gehen wir heute wieder spazieren und uns die Blumen sowie die Tiere anschauen?" Opa antwortete mit wehmütiger Stimme: „Ach Lia ich habe solche Rückenschmerzen, dass kannst du dir gar nicht vorstellen. Ich kann heute leider nirgendswo mit dir hingehen." Opa drehte sich um und schlief weiter. Daraufhin ging ich mit einem traurigen Gesicht raus.

Ich verstecke mich unter dem Wäscheständer, denn ich verstand Opa wirklich nicht. Als Oma mich gefunden hat, meinte sie zu mir: „Lia, das war nicht böse gemeint von Opa. Du musst verstehen Opa ist schon alt und er hat seit einer Woche furchtbare Rückenschmerzen, dass er sich kaum bewegen kann. Stell dir vor, wenn Opa aufsteht oder sich bückt, dann ist es so als würden Blitze in seinen Rücken schießen. Er hat große Schmerzen. Aber trotzdem hat er dich unheimlich dolle lieb, genauso wie ich."

Auf einmal fing Oma an das schöne Gedicht aufzusagen, das sich sogar reimt. Denn immer wenn es mir nicht gut geht und ich traurig bin, sagt Oma diesen Spruch. Ich muss gestehen ich finde das Gedicht immer wieder schön und höre Oma gerne zu.

Ich liebe dich bis zum Mond.

Und dafür werde ich belohnt.

Mit deiner täglichen Liebe,

da gibt es für mich nur noch Siege,

und zugleich bist du mein tröstender Friede.

Für mich gibt es keine Unterschiede,

denn im Herzen sind wir eins und du für immer meins.

Ich weiß auf alle Fälle eins, mein Herz wird immer sein bei deins.

Und auch dieses Mal hat Oma es geschafft mir ein breites Lächeln ins Gesicht zu zaubern.

Ich war nun erleichtert und wollte mit Oma Memory spielen. Doch Oma konnte sich keine Bilder mehr merken. Das war sehr komisch. Dann schlug ich vor ein anderes Tischspiel zu spielen. Doch Oma hat vergessen wie es geht. Sie sagte: „Das ist doch alles doof, ich habe keine Lust mehr." Sie stand auf und ließ mich alleine sitzen.

Ich dachte betrübt nach, was ich falsch gemacht habe. Sowas hat Oma noch nie zu mir gesagt.

Daraufhin nahm ich all meinen Mut zusammen, ging Oma hinterher, um nachzufragen. Doch bevor ich Oma fragen konnte, fragte sie mich: „Wer bist du? Was machst du hier? Ich kenne dich nicht."

Ich schnappte mir meinen Kuschelhasen Balu und rannte so schnell es geht zu meinem Lieblingsversteck im allerhintersten Zimmer.

Ich drücke Balu fest an mich, weine so laut ich kann und schreie Balu verzweifelt an: „Oma und Opa haben mich nicht mehr lieb."

Einige Zeit später findet mich Oma ganz verheult und verzweifelt in der Vorratskammer mit dem winzig kleinen Licht im hintersten Zimmer.

Oma nimmt mich in den Arm und fragt mich: „Was ist los mit dir?" Ich erzählte ihr noch mal alles von vorn. Plötzlich fing Oma auch an zu weinen und sagt: „Es tut mir leid, das habe ich nicht gemerkt, dass ich mich so verhalten habe. Ich liebe dich doch. Du bist mir so wichtig."

Dabei spüre ich, dass es Oma nicht gut geht.

Ich fing an Omas Gedicht aufzusagen, dabei schmunzelte Oma und sprach mit:

Ich liebe dich bis zum Mond.

Und dafür werde ich belohnt.

Mit deiner täglichen Liebe,

da gibt es für mich nur noch Siege,

und zugleich bist du mein tröstender Friede.

Für mich gibt es keine Unterschiede,

denn im Herzen sind wir eins und du für immer meins.

Ich weiß auf alle Fälle eins, mein Herz wird immer sein bei deins.

Es ist Sonntag und zu Hause erzähle ich Mama und Papa von den komischen und traurigen Dingen von Opas Blitzen im Rücken und von Oma.

Papa nimmt mich in den Arm und erklärt mir folgendes: „Oma ist auch schon sehr alt und Mama und ich vermuten schon seit einer Weile, dass Oma eine Art Krankheit hat. Diese Krankheit nennt sich Alzheimer und kann manchmal bei älteren Menschen auftreten. Dabei passiert folgendes Lia. Schließe einmal deine Augen und stelle dir mal vor, dass wir in unserem Kopf ein Bücherregal haben. In einem Buch steht drinnen, wie man kocht, im anderen wen wir kennen und gerne haben.

In einem anderen Buch stehen die Regeln gewisser Spiele drin.

Jeden Tag kann nun eins dieser Bücher sich nicht öffnen. Daher weiß Oma dann nicht was in diesem Buch steht. An anderen Tagen lässt sich dieses Buch wieder öffnen und Oma weiß so was drinnen steht. Dafür aber wird sich ein anderes Buch nicht öffnen lassen."

Ich höre Papa gespannt zu und unterbreche ihn dann: „Papa ist es an manchen Tagen so, als würde ein Obstsalat in Omas Kopf sein, wo alle Früchte durcheinandergemischt sind?" Papa grinst und antwortet: „Genauso wird sich Oma leider oft fühlen ohne es manchmal zu merken."

„Aber eines sollte dir bewusst sein Lia, Oma und Opa sind zwar alt und haben Blitze im Rücken oder Obstsalat im Kopf, aber sie haben dich immer lieb und werden dich auch immer liebhaben."

Nun bin ich beruhigt und den beiden auch gar nicht mehr böse. Denn sie können ja schließlich nichts dafür. Ich werde mir auf jeden Fall überlegen, wie ich Opa und Oma in Zukunft helfen kann.

 Die Autorin Cindy Brixel, geboren 1994 arbeitet als Erzieherin. Bei ihrer Arbeit mit Kindern ist es ihr ein besonderes Bedürfnis auch schon die Kleinsten über Themen aufzuklären und ihnen Fragen zu beantworten, über die nicht jeder redet. Da dies sogenannte Tabuthemen in der Gesellschaft sind. Doch auch Krankheiten und Veränderungen in der Familie gehören für sie zum alltäglichen Leben und somit auch zur Aufklärung und Bildung dazu. Nicht nur aus persönlichen Gründen hat sie sich schon längere Zeit mit den Themen Alzheimer, Tod und weiterer Tabus auseinandergesetzt, sondern auch während ihrer Abschlussarbeit zur Integrationserzieherin und verfügt daher über fundierte Kenntnisse.

Da es aus ihrer Sicht heutzutage leider immer noch viele Tabuthemen gibt und Kinder oft nicht ins Familienleben miteinbezogen werden, daher unwissend bleiben, vieles nicht verstehen, möchte sie sich auf diese Themen mit dem Buch und weiterer Werke fokussieren. Sie möchte damit Eltern und Pädagogen in ihrer alltäglichen Arbeit und im Familienleben unterstützen.
Denn oft sind diese Themen im Leben auf den ersten Blick nicht zu erkennen „Darüber spricht man nicht." Bekommen Kinder zu hören.
Die häufigsten Gründe in der Gesellschaft sind: Angst, Scham, Hilflosigkeit, Verleugnung, Vermeidung und Rücksichtnahme.
Als Mama eines Sternenkindes weiß die Autorin, wovon sie spricht.

Liebe Eltern, Familienangehörige, Pädagog*innen und Leser*innen,

nicht nur für Kinder ist es schwer die Veränderungen, welche das Alter mit sich bringt zu akzeptieren. Auch Erwachsene, die den Prozess des Älterwerdens ihrer Eltern oder Großeltern begleiten, haben oft mit den neuen Veränderungen zu kämpfen. Anfangs ist es für alle Familienmitglieder schwer Krankheiten und Altersschmerzen zu erkennen und mit ihnen umzugehen. Doch wichtig ist es darüber offen zu sprechen, auch mit den Kleinsten. Nur so kann das Familienleben aufrechterhalten werden, Halt und Trost geschenkt werden, den alle Beteiligten benötigen.

Obstsalat in Omas Kopf und Bli

9783710354502.2